I0153759

EMMANUEL DUCROS

UNE CIGALE
A l'Exposition Universelle

DE 1889

PARIS

ALPHONSE LEMERRE, ÉDITEUR

31, PASSAGE CHOISEUL, 27-31

UNE CIGALE

L'EXPOSITION UNIVERSELLE

DE 1889

1654

8°Ye
2457

TIRAGE A PART

75 EXEMPLAIRES NUMÉROTÉS SUR PAPIER DE HOLLANDE

PRIX : 6 FRANCS

EMMANUEL DUCROS

UNE CIGALE

A

L'EXPOSITION UNIVERSELLE

DE 1889

—

Couverture dessinée par Jean AUBERT
Gravée sur bois par A. LEVEILLÉ.

FAC ET SPERA

DÉPÔT LÉGAL
Seine
N.°
1889

PARIS

ALPHONSE LEMERRE, ÉDITEUR

27-31, PASSAGE CHOISEUL, 27-31

—

M DCCC LXXXIX

À J.-J. HENNER

———

TEMOÏGNAGE

de

SYMPATHIE ET D'ADMIRATION

A CARLÈS

....

LA CIGALE (STATUE MARBRE)

Ballade.

Est-ce toi que je vois, Cigale ?
Dans ce salon, viens-tu chanter ?
Et, d'une humeur toujours égale,
Sur tous les sujets t'arrêter ?
Ta lyre tu sais l'agiter,
Partout où le hasard te jette.
Il faut un rien pour t'exciter,
Ayant du soleil plein la tête.

Lorsque d'air pur on se régale,
En vain, on veut vous voir quêter ;
Ta table est toujours si frugale,
Que le zéphyr peut la porter.

Nul n'a souci de te flatter,
Car on te voit nue, ô pauvrette!
Le froid ne peut t'inquiéter,
Ayant du soleil plein la tête.

Je cours à travers un dédale
D'objets d'art, qu'on ne peut compter.
O toi, sans crainte du scandale,
Avec moi, viens les visiter.
Tes chants, je veux les imiter;
Dis-les moi, que je les répète;
Cent motifs doivent t'inviter,
Ayant du soleil plein la tête.

ENVOI

Dis-moi tous ceux qu'il faut citer.
O Cigale, sois le poète;
Tu sauras te faire écouter,
Ayant du soleil plein la tête.

A J.-J. HENNER

....

Pour toi s'élève vers le ciel,
Beauté, de tous les coins du monde,
Avec une ivresse profonde,
Comme un chant d'amour éternel.

Henner avec âme nous chante
La nymphe aux appas merveilleux ;
Il sait l'exposer à nos yeux
Dans toute sa grâce touchante.

De rêves suaves hanté,
Pour lui rien n'est plus frais sur terre
Que ton si gracieux mystère,
O ravissante nudité !

Aussi, moi petite Cigale,
Qui vais chantant et voletant,
J'arrête ma course un instant ;
D'un nu troublant je me régale,

Andromède sur le rocher ;
La liseuse qui se repose,
Laissant deviner son sein rose ;
Viennent me plaire et me toucher.

Lors, joyeuse, vibre ma lyre !
Henner, peintre ému, bien des fois
Tu nous as montré dans les bois
Un poème où l'on aime à lire.

Épris de l'art sincère et beau,
Produis toujours, l'âme ravie,
Donnant une éternelle vie
Avec ton magique pinceau.

Maître, ton œuvre émotionne ;
Quel meilleur poème vraiment
Qu'un beau corps de nymphe charmant
Qui, mieux qu'un diamant, rayonne.

PEINTRES FRANÇAIS

EMILE ADAN

SOIR D'AUTOMNE

Rien n'est plus beau qu'un soir d'automne.
C'est l'époque où l'on peut trouver
Les plus doux moments pour rêver;
Tout nous charme et tout nous étonne.

Sous les arbres, quel beau décor !
Les branches bientôt dégarnies,
De leurs feuilles toutes jaunies,
Laissent tomber comme un trésor.

C'est ainsi qu'on voit sur la terre,
S'en aller tout ce qui séduit ;
Le bonheur trop vite s'enfuit
Et la beauté n'est qu'éphémère.

L'esprit se plaît à retenir
Une image non effacée ;
Pour consoler notre pensée,
Il nous reste le souvenir.

JEAN AUBERT

....

LE VOISIN DE CAMPAGNE

Triolets.

Chaque jour je viens pour vous voir
O ma voisine ravissante,
Et je vous trouve ; doux espoir,
Chaque jour, je viens pour vous voir.
Dans le jardin, matin et soir
Aux aguets, votre aspect m'enchante ;
Chaque jour je viens pour vous voir
O ma voisine ravissante.

Comment donc ne pas vous aimer ?
Vous êtes si jeune et si belle !
Et le ciel vous fit pour charmer !
Comment donc ne pas vous aimer ?

J'aime et je dois le proclamer;
Mon cœur peut-il être rebelle?
Comment donc ne pas vous aimer ?
Vous êtes si jeune et si belle!

Je suis l'Amour, écoutez-moi;
L'amour est plus doux que la rose,
Que je vous offre, plein d'émoi;
Je suis l'Amour, écoutez-moi.
Votre âme s'émeut, c'est la loi.
'Sentez la fleur nouvelle éclose;
Je suis l'Amour, écoutez-moi,
L'amour est plus doux que la rose.

ALBERT AUBLET

....

SUR LES GALETS

Rondeau redoublé.

En juillet, il n'est plus personne dans Paris,
Plus de salons brillants, plus de belles actrices;
Au loin, elles s'en vont promener leurs souris,
Leurs amours, leurs chiffons, leurs modes, leurs caprices.

Les wagons passent pleins, emportant des lectrices
Que le voyageur suit d'un long regard épris;
Les moindres casinos promettent des délices,
En juillet, il n'est plus personne dans Paris.

On n'y remarque alors, amoureux aguerris,
Que des troupiers faisant la cour à des nourrices;

Puis aussi des Anglais avec des feutres gris.
Plus de salons brillants, plus de belles actrices!

Il fait chaud : il faut fuir, éviter des supplices.
Nos mondaines trouvant que l'ombrage est sans prix,
Et connaissant ailleurs mille coquettes lices,
Au loin, vite s'en vont promener leurs souris.

Sur les plages, luttant de toilettes, de cris,
Il se trouve toujours des voix admiratrices
Pour venir nous conter tous leurs pas incompris,
Leurs amours, leurs chiffons, leurs modes, leurs caprices.

ENVOI

Qui donc pourrait songer aux billets doux flétris?
Cupidon, en voyage, accourt plein de malices;
Il se met, en riant, dans mille cœurs surpris;
Il glisse avec la brise en les âmes novices
   En juillet.

ALBERT AUBLET

AUTOUR DE LA PARTITION

Massenet, ô compositeur,
Tu les connais ces entourages
Formés de ravissants visages,
Au sourire pour toi flatteur.

On devine que ta musique
Enivrante excelle à parler
A leurs âmes, à les troubler,
Ayant un langage magique.

Leurs cœurs éprouvent des frissons
Alors que ton rythme s'affole;
On dirait que l'amour s'envole
Sur l'aile rapide des sons.

Tu vas jouer, on fait silence;
Tu te vois bien vite entouré,
Et tu sens, d'avance assuré,
Maître heureux, un succès immense.

BASTIEN LEPAGE

....

JEANNE D'ARC

Odelette.

Dans les champs, un coin de verger
Fait songer.
O les beaux vergers de Lorraine
Où Jeanne d'Arc allait souvent,
L'œil rêvant,
Écoutant la voix qui l'entraîne.

Elle venait sous les pommiers
Familiers,
Quand le jour décroît insensible;
Quand paraît au ciel pâlissant
Le croissant
De la lune à peine visible.

Le verger dans l'air gris du soir
Est à voir,
Lorsque l'ombre envahit la terre.
L'herbe, l'arbre, les gens et l'eau
Du ruisseau,
Tout s'enveloppe de mystère.

C'est l'heure du recueillement,
Le moment
D'une vision passagère;
Et l'on songe aux jours d'autrefois
Où les rois
Durent leur trône à la bergère.

E. BEAUMETZ

....

LES VOILA

On vient prendre votre demeure ;
Vous vous préparez au combat.
Les voilà, les voilà, c'est l'heure ;
Prouvez que rien ne vous abat.
Ils viennent après la victoire ;
Ils souillent notre territoire ;
Ils sont sûrs de nous conquérir.
Luttez, qu'ils laissent dans nos plaines,
Du sang de leurs hordes germaines ;
Montrez que vous savez mourir.

Il faut que votre résistance
Étonne les Prussiens haïs ;
Plus tard le sang criera vengeance ;
Français, mourez pour le pays.
La Patrie est tout ce qu'on aime :
Père, mère, amis, l'amour même ;
C'est le nom chéri des aïeux ;
C'est le plus beau de l'héritage
Que se transmettent, d'âge en âge,
Leurs fils avec un soin pieux.

A. BEAUVAIS

....

A TRAVERS LA LANDE

Le matin, la lande est déserte.
J'en aime la tranquillité
Quand nul être en l'immensité
N'apparaît à la découverte.

Mais, avec le premier rayon
On entend chanter l'alouette ;
Beugler les bœufs, leur silhouette
Se découpe sur l'horizon.

Tout s'anime dans la nature ;
La ferme a lâché ses troupeaux ;
On voit passer les animaux
Quêtant leur vague nourriture.

J'oublie, ô ville au bruit joyeux
Tes spectacles changeants que j'aime ;
Dans la lande on trouve un poème
Qui repose et l'âme et les yeux.

BENJAMIN CONSTANT

....

LES CHERIFFAS

Dans le fond d'un harem, sur de riches tapis,
Au sortir d'un long bain, les belles Marocaines,
Captives dont on sait enguirlander les chaînes,
Sont au fond d'un boudoir, couvertes de rubis.

Pendant que celles-ci, les yeux pleins d'indolence,
Étendent doucement leurs corps superbes, las ;
Sur de larges divans qui ne la tentent pas,
Une rêve d'amour et, pleine d'élégance,

Dresse son corps dans l'air en poussant un soupir;
On sent qu'elle voudrait de suaves haleines,
Et que le sang si chaud, qui coule dans ses veines,
Devrait dans un baiser ardent se rafraîchir.

Cette taille élancée et ce sein qui s'avance
Prouvent qu'elle saurait aimer avec ardeur;
Les yeux ne peuvent pas la voir avec froideur,
Tant l'amour dans ce cœur semble avoir de puissance.

Ainsi doit se cambrer la panthère au désert,
Lorsqu'elle a le désir de brûlantes caresses.
Captive, elle voudrait d'extatiques ivresses,
Nul ne vient: le parfum de cette fleur se perd.

Pendant que le seigneur de ce Harem s'attarde,
L'eunuque, dans un coin, étendu mollement,
Est devant ce spectacle, entre tous enivrant,
Tranquille et doux ainsi qu'un très bon chien de garde.

EMMANUEL BENNER

LE REPOS

Est-il pour le repos une image plus douce ?
Dans un pré côtoyant la lisière des bois,
A l'heure où les oiseaux semblent perdre la voix,
Et le vent s'assoupir sur un tapis de mousse,

Une vierge sommeille et rien ne la défend.
Aux regards sa beauté se montre toute nue ;
Mais le sourire errant sur sa bouche ingénue
Montre qu'elle poursuit quelque rêve d'enfant.

JEAN BÉRAUD

....

AU PALAIS DE JUSTICE

LA PLAIDEUSE A L'AVOCAT

Triolets.

Plaidez bien, monsieur l'avocat ;
Je compte sur votre éloquence,
Car mon cas est très délicat ;
Plaidez bien, monsieur l'avocat.
Hardiment faites un éclat ;
Dites haut ce qu'il faut qu'on pense.
Plaidez bien, monsieur l'avocat ;
Je compte sur votre éloquence.

Mon époux est vieux et bien laid.
Je suis jeune et, dit-on, jolie.
Il n'aime pas ce qui me plaît ;
Mon époux est vieux et bien laid.

Il ne contente aucun souhait;
Tous ses devoirs il les oublie.
Mon époux est vieux et bien laid.
Je suis jeune et, dit-on, jolie.

Il devrait me faire plaisir;
Or, sur tout il me contrarie.
Étant mon mari, doux loisir,
Il devrait me faire plaisir ;
Du moins en avoir le désir,
Il faut toujours que je le prie.
Il devrait me faire plaisir;
Or, sur tout il me contrarie.

En vain je suis pleine d'ardeur,
Et sens des souffles de jeunesse;
Il ne peut donner du bonheur;
En vain je suis pleine d'ardeur.
Ce n'est qu'énervante froideur,
Ou bien que lassante tendresse;
En vain je suis pleine d'ardeur,
Et sens des souffles de jeunesse.

Vivre avec lui, non pas, non pas;
Brisez la loi qui nous rassemble ;
A quoi sert d'avoir des appas?
Vivre avec lui non pas, non pas.

Il ne peut rien, son... cœur est las;
Nous ne devons plus vivre ensemble.
Vivre avec lui, non pas, non pas;
Brisez la loi qui nous rassemble.

Plaidez bien, monsieur l'avocat;
Je compte sur votre éloquence,
Car mon cas est très délicat;
Plaidez bien, monsieur l'avocat.
Hardiment faites un éclat;
Dites haut ce qu'il faut qu'on pense.
Plaidez bien, monsieur l'avocat;
Ie compte sur votre éloquence.

LUCIEN BERTHAULT

....

PROPOS D'AMOUR

C'est le printemps, tout chante amour dans la prairie :
La fleur que l'on consulte et les sens embrasés.
Le vent qu'on sent venir, doux comme les baisers,
Dit qu'il est bon d'aimer avec idolâtrie.

☩

BESNARD

....

PARIS

C'est Paris, la ville est en fête,
Elle chante la liberté
Qu'elle obtint par droit de conquête;
La ville est pleine de gaîté.
On voit dehors des milliers d'êtres,
Et des lampions aux fenêtres;
On entend dans l'air des vivats;
Paris jette au loin sa lumière;
Sur sa barque, la cité fière
Toujours flotte et ne sombre pas.

ALBERT BESNARD

....

LE SOIR DE LA VIE

A Paris — Mairie du 1ᵉʳ arrondissement.

Le soleil s'est enfui laissant l'âme ravie.
Ils regardent tous deux, grisés par l'air du soir,
Les étoiles du ciel admirables à voir ;
La fin de ce beau jour est semblable à leur vie.

Ils n'ont jamais trouvé d'épines sous leurs pas ;
Leur amour fut pour eux l'éclatante lumière.
Ils ont ainsi passé leur existence entière,
S'adorant l'un et l'autre en leurs cœurs jamais las.

C'est la fin maintenant ; la jeunesse envolée
N'est plus qu'un souvenir cher à leurs cheveux blancs ;
Ils sont vieux tous les deux ; leurs membres sont tremblants ;
Ils partiront bientôt pour la nuit étoilée.

La mort étend déjà son bras pour les saisir,
Et c'est pourquoi chacun d'eux et frémit et tremble :
Ils partiraient sans peur s'ils s'en allaient ensemble ;
Ce serait un bonheur vraiment qu'ainsi mourir.

Oh ! le vieux que la mort laissa seul sur la terre,
Nul ne connaît son cœur, ne pense comme lui ;
Le bonheur de sa vie est à jamais enfui ;
Comment vit-il sans être aimé, le solitaire ?

BONNAT

....

PORTRAIT DE VICTOR HUGO

Comme elle est grande la tempête
Quand paraît ce réformateur !
Lorsque dans l'arène il se jette,
Il en sort en triomphateur.
Il montre toutes les audaces ;
Il réunit toutes les grâces,
Et, dès son printemps matinal,
Il semble aller avec des ailes
Vers les demeures éternelles
De l'art pur et de l'idéal.

Il obtient la gloire qu'il brigue,
Il court de succès en succès,
Il fait, comme un nouveau Rodrigue,
Coups de maître, ses coups d'essais.
Il renouvelle le théâtre,
Et toute une foule idolâtre

Entend ses drames radieux :
Hernani ! Marion Delorme !
Il a changé le vers difforme
En un langage harmonieux.

Il est le roi de l'épopée,
A l'ode il donne un grand essor,
Sa strophe se dresse drapée
Dans des langes d'azur et d'or.
Il chante la révolte grecque
Et le pèlerin de la Mecque ;
Mazeppa, qui s'en va fuyant ;
Puis la Sarah qui se balance
Avec grâce, avec indolence,
Dans les vapeurs de l'Orient.

Il a d'ineffables tendresses
Devant l'enfant aux yeux si doux.
Ses chants deviennent des caresses
Dont un père serait jaloux.
Il a compris cette jeune âme
Étonnée et pleine de flamme,
Et dont le charme est si puissant
Que le lion, fou de colère,
S'arrête, désireux de plaire,
A sa voix vite obéissant.

Sur l'homme, rêveur, il se penche ;
Il se sent saisi de pitié ;
Sur nos maux tout son cœur s'épanche,
Il veut en prendre la moitié.
Il relève le misérable,
Celui que tout le monde accable ;
Apôtre de l'humanité,
Écartant la foule qui blâme,
Il vient, il réjouit cette âme
Par un rayon de sa bonté.

Devant le triomphe du crime,
Il se dresse, pâle et songeur.
Devant l'homme qui nous opprime,
Il apparaît comme un vengeur ;
C'est Dante et Daniel ensemble.
Le tyran, sur son trône tremble,
Il ne peut finir son festin,
Car, dans cette autre Babylone,
Tout à coup une voix résonne
Qui lui dit son fatal destin.

Salut, salut, ô patriote !
Salut, glorieux exilé !
Debout, sur la lointaine côte,
Ainsi qu'un grand phare étoilé.
Plus tard sa fête pacifique
Amènera sous son portique

Un peuple heureux en liberté.
Quelle apothéose sereine;
C'est un flot d'amour qui l'entraîne
Tout Paris vers lui s'est porté.

On vient célébrer un génie,
Un nouvel Homère, un penseur,
Pour l'orgueilleux, plein d'ironie;
Pour l'opprimé, plein de douceur;
Dont la vie au bien occupée,
Par la bataille entrecoupée
Pleine de rêves et d'amour,
A bien mérité cet hommage,
Rayon qui vient après l'orage
Couronner la fin d'un beau jour.

JULES BRETON

....

LE SOIR DANS LES HAMEAUX DU FINISTÈRE

L'ombre vient lentement, apportant du mystère
Et du recueillement; les travaux sont finis.
A peine on entrevoit les groupes réunis ;
C'est l'heure où le dernier rayon quitte la terre.

Quand les mères s'en vont, la quenouille à la main,
Devisant lentement au milieu de la rue,
Dans un coin, à l'écart, vision apparue,
Deux jeunes amoureux parlent de leur hymen.

Deux jeunes amoureux, lorsque l'ombre s'avance,
Causent d'amour, si doux les soirs mystérieux ;
Leurs voix ont un langage oublié par les vieux ;
C'est l'Aurore pour eux, charmante, qui commence.

JULES BRETON

L'ÉTOILE DU BERGER

Tout séduit dans les prés, en la belle saison;
A cette heure troublante et pleine de mystère
Où les ombres du soir envahissent la terre :
L'étoile du berger paraît à l'horizon.

Alors que le soleil jette un dernier rayon,
Il est bon de marcher, pensif et solitaire,
Bercé par un amour secret, que l'on veut taire,
Et par des souvenirs qui donnent le frisson.

Seule une fille, au loin, rentre de la campagne.
Crépuscule toujours le rêve t'accompagne;
On sent autour de soi les champs silencieux;

On pense à l'adorée et notre âme est saisie
D'une réconfortante et douce poésie;
Ses yeux sont beaux à voir commme l'étoile aux cieux.

ANDRÉ BROUILLET

....

LA TANIA (NOCE JUIVE)

La noce est réunie au milieu d'une cour.
La mariée, au centre, avec son voile rouge
Qui descend jusqu'aux pieds est assise et ne bouge.
On boit, on fume, on rit, tout est joie alentour.

Le chant se fait entendre et la danse commence ;
La danse molle et lente aux gestes gracieux.
De son voile l'almée éloigne de ses yeux
L'invisible amoureux implorant sa clémence.

Car il ne doit pas voir son doux regard briller ;
La résistance rend la femme encor plus chère.
Tous admirent des yeux la danseuse légère
Et le soleil charmé sourit dans le figuier.

CHARLES BUSSON

································

AVANT L'ORAGE

On voit, dans le lointain, accourir un orage ;
Dans un dernier rayon, le soleil pâlissant
Éclaire un coin des prés ; on le voit se glissant,
Ainsi qu'un amoureux, à travers le feuillage.

Les arbres, si jolis, avec ce cercle d'or,
Vont être, en un moment, inondés par la pluie.
Déjà, dans l'horizon, la lumière est enfuie.
Les nuages, là-bas, semblent grossir encor.

Charmant et fugitif aspect de la prairie,
L'orage et le soleil sont présents à la fois,
Et le dernier rayon, dans les prés, dans le bois,
Tout triste de partir, est plein de poésie.

GEORGES CAIN

PAJOU FAISANT LE BUSTE DE DU BARRY

Triolets.

Chez Du Barry, reine d'amour,
Une cour entière se presse ;
Que d'abbés galants, pleins d'humour,
Chez Du Barry, reine d'amour.
Seigneurs, prélats sont alentour
Pour voir naître une œuvre maîtresse ;
Chez Du Barry, reine d'amour,
Une cour entière se presse.

Artiste rends-nous sa beauté ;
Fais vivre sa tête charmante,
Ses yeux remplis de volupté ;
Artiste rends-nous sa beauté.
Un roi, d'ivresse transporté,
Sent pour elle son âme aimante.
Artiste rends-nous sa beauté,
Fais vivre sa tête charmante.

GC

HENRI CAIN

LE VIATIQUE DANS LES CHAMPS

Ils s'en vont à travers les champs
Et le trouble envahit notre être ;
L'enfant de chœur avec le prêtre,
N'ont pas affaire à des vivants.

Ils s'en vont, ils s'en vont, misère !
Quelqu'un est tout près de mourir,
On ne peut plus le secourir,
Adieu tous les biens de la terre.

Est-ce une femme, est-ce un enfant
Que la mort prend sur son passage ?
Ni jeunesse, ni doux visage
N'arrête le spectre effrayant.

Où va-t-on dans la nuit profonde ?
Demande l'esprit effaré ;
Quand le viatique sacré
Aide l'âme à quitter ce monde.

Adieu bonheur sur terre, adieu ;
La mort arrive et déconcerte.
On voit, la tête découverte,
Passer les messagers de Dieu.

CAZIN

....

UNE VILLE MORTE

Villanelle.

Tout dort, la ville semble morte ;
On n'aperçoit plus un passant,
Quand chacun a fermé sa porte.

Quel mystère la nuit apporte,
Il n'est plus de bruit saisissant ;
Tout dort, la ville semble morte.

Enfants, il ne faut plus qu'on sorte ;
Au dehors le danger est grand,
Quand chacun a fermé sa porte.

La lueur des lampes, peu forte,
Brille dans l'ombre en tremblottant ;
Tout dort, la ville semble morte.

Voleur, la nuit te sert d'escorte ;
C'est l'heure où tu vas te glissant,
Quand chacun a fermé sa porte.

Aperçois-tu, servante accorte,
Vers toi venir quelque galant ?
Tout dort, la ville semble morte.

La nuit arrive et nous exhorte
A prendre un repos bienfaisant ;
Quand chacun a fermé sa porte.

Tout dort, la ville semble morte.

A. CHARNAY

LA TERRASSE AUX CHRYSANTHÈMES

Rondel.

Le deuil de la terre est extrême ;
Les jardins sont vides de fleurs ;
Lorsque paraît le chrysanthème
Avec ses frileuses couleurs.

Le vent arrive fort et sème
Sur son passage, mort et pleurs.
Le deuil de la terre est extrême ;
Les jardins sont vides de fleurs.

Pour captiver encor les cœurs,
Des amoureuses que l'on aime,
Le chrysanthème aux tons vainqueurs,
Malgré le froid, fleurit quand même ;
On le cueille avec joie extrême,
Dans les jardins vides de fleurs.

EUGENE CHIGOT

....

PÊCHE INTERROMPUE

Ils ont fait une bonne prise.
Les poissons, tirés hors de l'eau,
Sautent, en vain, dans le bateau ;
Le ciel est gris, la mer est grise.

Mais voici que le faible enfant,
Que la barque trop fort secoue,
Se plaint ; on voit pâlir sa joue ;
Il demeure tout défaillant.

Saisi d'une affection chère
Qu'on devine et qu'il ne dit pas,
Un matelot l'a dans ses bras,
Comme le tiendrait une mère.

La terre est loin ; seuls sur la mer
Les marins ont l'âme inquiète ;
Tandis qu'autour d'eux la mouette
Passe et vole gaîment dans l'air.

LÉON COMERRE

....

SILÈNE

Ivre, il roule par terre et redemande à boire;
Il n'est jamais tenté par la nymphe de l'eau;
Son corps entier, empli de vin, comme un tonneau,
Silène veut encor ton jus, ô vigne noire!
La bacchante, entr'ouvant ses lèvres, de ses mains,
Se fait aider d'un faune, à face grimaçante,
Et malgré ses efforts, en riant, elle plante
Dans sa bouche, une grappe entière de raisins.

« Du raisin, en voilà; que ta soif dévorante
« Soit, d'un coup étanchée, et qu'il plaise à Bacchus
« De rendre savoureux son doux fruit qui te tente! »
Mais Silène, étouffé, se roule et n'en veut plus.

Il trouve, en une fois, par trop grosse la grappe,
Dont chacun des grains, pris à part, le ravirait ;
Il s'enfuit, comme il peut. La bacchante l'attrape,
Et leur combat bruyant anime la forêt.

C'est ainsi qu'autrefois, dans les jours de vendange,
Silène allait, montrant son visage aviné ;
Il parlait à la femme, avec un rire étrange ;
On le voyait, souvent, de pampres couronné.
Parfois, roulant par terre et vaincu par l'ivresse,
Les bacchantes, riant, venaient, comme aujourd'hui ;
Et leur plaisanterie, empreinte de rudesse,
N'était jamais mauvaise et trop forte pour lui.

LÉON COMERRE

....

PORTRAIT DE Mlle *** EN JAPONAISE

Triolet.

Est-on si jolie au Japon ?
Devant vous, on se le demande;
Là-bas, de plaire a-t-on le don ?
Est-on si jolie au Japon ?
A-t-on ce charme et ce bon ton ?
A-t-on cette grâce si grande ?
Est-on si jolie au Japon ?
Devant vous, on se le demande.

LÉON COMERRE

....

PORTRAIT DE Mlle *** EN MARQUISE

Villanelle.

Vous devez être une marquise,
Une marquise d'autrefois ;
Vous avez l'élégance exquise ;

Des lèvres couleur de cerise ;
De beaux bras blancs, de jolis doigts ;
Vous devez être une marquise ?

Canne à la main, taille bien prise,
En toilette d'un joli choix,
Vous avez l'élégance exquise.

A vous voir notre âme est conquise,
Notre âme et nos yeux à la fois !
Vous devez être une marquise ?

Certes, Boucher, la beauté prise !
Nous a-t-il peint plus frais minois ?
Vous avez l'élégance exquise.

Vous avez votre place acquise
Au Trianon ; là, je vous vois.
Vous devez être une marquise?

Le poète du temps aiguise
Pour vous de ravissants envois ;
Vous avez l'élégance exquise.

Souffrez donc que je vous le dise
Avec Boufflers pour porte-voix,
Vous devez être une marquise ?

Près de vous Pompadour, Soubise,
A la beauté perdraient leurs droits ;
Vous avez l'élégance exquise.

Vous avez la grâce requise,
Et, j'en suis sûr, douce la voix ;
Vous avez l'élégance exquise ;
Vous devez être une marquise
Une marquise d'autrefois.

CORMON

....

L'AGE DE PIERRE

Voici, père, voici ce que nous avons fait :
Nous avons, ce matin, parcouru la montagne
Où l'ours horrible et fort comme un maître vivait,
Car nous nous étions dit que le repas se gagne,
Alors qu'on est sans peur ; rien ne nous effrayait.

Le chemin était dur et la bête féroce.
Nul n'a tremblé parmi tes fils braves et fiers ;
Ils allaient au combat comme on part pour la noce ;
Et les périls prévus même leur semblaient chers,
Dût la bête entr'ouvrir pour eux plus d'une fosse.

Les chiens allaient devant pour sonder le chemin,
Et nous, l'oreille au guet, hardis à l'escalade,
Nous avancions avec nos haches dans la main ;
Quand tout à coup bondit, sortant d'une embuscade,
L'animal plus terrible, excité par la faim.

Nous luttâmes longtemps dans un combat épique!
Les trois quarts de nos chiens gisaient autour de nous.
Les cris de l'ours faisaient une horrible musique;
Il fallait éviter ses embrassements fous,
Et plus d'un se trouva dans un moment critique.

Sa griffe fait à tous de grands trous dans la chair,
Car il faut quelquefois, corps à corps qu'on résiste;
Nos armes dans les airs brillent comme l'éclair :
On le frappe sans cesse, on le suit à la piste!
Mais ses membres semblaient aussi durs que du fer.

Il est mort! père, vois devant toi notre chasse;
Femmes, voici de quoi garnir votre foyer :
Apportez-nous du vin, que le corps se délasse;
Courageux, ayant su comme il faut batailler,
Nous pouvons, près de vous, sans honte prendre place.

COROT

....

PANTOUM

Le lac.

Au lac, j'aime à me promener,
Les Naïades couvrent la rive.
Où donc penses-tu m'entraîner,
Amour, faut-il que je te suive ?

Les Naïades couvrent la rive,
Invisibles pour les mortels.
Amour, faut-il que je te suive ?
Brûlant toujours sur ses autels,

Invisibles pour les mortels,
Elles inspirent leurs vains rêves.
Brûlant toujours sur ses autels,
Jusqu'à sa bouche tu m'élèves.

Elles inspirent leurs vains rêves,
Pleines de grâce ét de beauté.
Jusqu'à sa bouche tu m'élèves
Sans voir son regard irrité.

Pleines de grâce et de beauté
Elles font aimer la nature.
Sans voir son regard irrité,
Froideur, ne lui sert plus d'armure.

Elles font aimer la nature ;
Faunes, sylvains, forment leur cour ;
Froideur, ne lui sert plus d'armure.
Agites-tu son cœur, Amour ?

Faunes, sylvains, forment leur cour,
Elles sont reines souriantes.
Agites-tu son cœur, Amour ?
Ouvres-tu ses lèvres tremblantes ?

Elles sont reines souriantes,
Douces dans la divinité,
Ouvres-tu ses lèvres tremblantes
J'ai peur d'ouïr l'arrêt dicté.

Douces dans la divinité,
Elles aiment charmer et plaire.
J'ai peur d'ouïr l'arrêt dicté.
Bonheur ! elle soupire : « Espère : »

Elles aiment charmer et plaire,
Quel sûr moyen de gouverner.
Bonheur ! elle soupire: « Espère : »
Au lac j'aime à me promener.

GUSTAVE COURTOIS

UNE BIENHEUREUSE

O fleurs aux doux parfums, pleurez la vierge morte.
Elle avait, comme vous, le charme et la beauté.
Le ciel qui l'a voulue, en sa virginité,
Donne à l'âme qui part des anges pour escorte.

Que de douceurs encor sur ses beaux traits pâlis;
L'amour est demeuré pour son cœur un mystère.
Oh! c'était une fleur trop belle pour la terre;
Elle a passé charmante et pure comme un lis.

DAGNAN-BOUVERET

....

LA BÉNÉDICTION

Soyez toujours heureux, c'est le vœu du grand père ;
Vos deux fronts sont charmants ; enfants, je vous bénis.
Quel que soit l'avenir, il faut rester unis.
En vous voyant courbés, j'invoque Dieu, j'espère.

On écoute là-haut, la voix des grands parents.
Vieillard prêt de partir, Seigneur, je vous implore
Pour ces jeunes époux, à peine à leur aurore.
Oh ! puissent mes souhaits, porter bonheur, enfants.

ERNEST DELAHAYE

L'USINE A GAZ

Sonnet.

Les charriots blindés de fer, coffres mouvants,
Apportent dans la cour la matière enflammée
Qu'on retire des fours, à moitié consumée ;
Et le coke se fait de ses charbons brûlants.

De rudes ouvriers, travailleurs vigilants,
Jettent des seaux pleins d'eau sur la masse allumée ;
On les voit au milieu d'une épaisse fumée,
Noirs comme des démons, les membres ruisselants.

Paris comme l'usine est bien une fournaise ;
On y sent le travail comme un feu sous la braise
Ayant pour aliments : le corps, l'esprit, le cœur ;

Le plaisir est au bord ; au fond, la grande ville
Doit à son dur labeur incessant et fertile
De jeter dans le monde une immense lueur.

ADRIEN DEMONT

....

FIANÇAILLES

Loin du monde, la nuit, ils se sont enlacés.
Un désir contenu dès longtemps les enflamme.
Ils sont jeunes tous deux ; l'ivresse est dans leur âme ;
Dans un baiser d'amour les voilà fiancés.

Par un beau clair de lune éclairant la campagne,
Ils s'embrassent grisés ; de baisers jamais las,
La femme s'est bientôt pâmée entre ses bras,
Et l'homme tendrement enserre sa compagne.

Embrassements câlins, enivrements du soir,
Si chers aux amoureux, vous leur donnez des fièvres ;
Et les baisers alors s'échappent de leur lèvres,
Ainsi que les parfums sortent d'un encensoir.

Ils ont longtemps rêvé de ce bonheur suprême ;
Ils sont sortis ce soir le regard tout troublé ;
Ils se sont arrêtés auprès d'un champ de blé ;
Dans la nuit enchantée, ils se disent : « Je t'aime. »

La lune est souriante et préside au serment,
Jetant sur leur amour une douce lumière ;
Et le lit nuptial, blond comme la chimère,
S'étend tout auprès d'eux sous le clair firmament.

Mme VIRGINIE DEMONT-BRETON

....

LES LOUPS DE MER

Le marin parle de la mer,
Le vieux marin! L'enfant écoute.
Avec lui son esprit fait route ;
Il voit dans l'air briller l'éclair ;

Il entend siffler la tempête ;
Les vents fous soulèvent les flots
Et des vergues des matelots
Piquent dans le vide une tête.

Sur le pont quel infernal bruit!
Il est en danger le navire ;
Il court, se redresse et chavire ;
En plein jour on dirait la nuit...

Le temps change : la mer jolie
Étale en un ciel clair et pur
Son superbe tapis d'azur.
Le danger disparu s'oublie.

Il est poète le marin,
Le vieux marin, et sa parole
Colorée et vive s'envole
Entrainante comme un refrain.

Il aime comme une maîtresse
La mer, c'est son unique amour;
Il l'adore, car, tour à tour,
Elle vous mord ou vous caresse.

A travers l'immence Océan,
Il transporte son auditoire:
On l'entend sans songer à boire.
Après les récits d'ouragan,

Il vante les lointains rivages:
L'enfant voit, les yeux éblouis,
Passer les merveilleux pays
Des sirènes et des sauvages.

Son récit attachant et cher,
Enfant, occupe ta pensée:
Futur mousse, de ta croisée
Tu peux voir sourire la mer.

LOUIS DESCHAMPS

....

LE SOMMEIL DE JÉSUS

La Vierge veille auprès de l'enfant endormi,
Afin de protéger cette frêle existence ;
Les bergers, accourus pour le voir, font silence,
Et le bœuf le caresse avec un souffle ami.

Jésus dort ; son sommeil est doux ; sa chair est rose.
Ils adorent celui qui vient de naître au jour ;
Qui, tout-puissant, choisit l'étable pour séjour ;
Dans un drap sur la paille ils le voient, il repose.

Les pâtres que l'étoile a conduits en chemin ;
Le flûtiste arrêté dans sa chanson légère ;
Et la vieille croisant ses bras dans la prière,
S'arrêtent tout émus devant l'enfant divin.

C'est lui qui doit plus tard tout changer sur la terre ;
Vouloir la femme libre et les hommes égaux ;
Mettre dans les esprits des préceptes nouveaux ;
Et mourir pour sa foi ; c'est l'enfant du mystère.

LOUIS DESCHAMPS

————————

CONSOLATRICE DES AFFLIGÉS

Elle pleure son fils qu'on a crucifié.
Le royaume du ciel est aux souffrants du monde.
Sa douleur apparaît intense et si profonde
Que les plus malheureux sentent de la pitié.

DOYEN

....

LA VIEILLE

Comme s'envole la fumée,
On voit, d'abord, passer les jours.
Les saisons, puis les ans sont courts,
L'âme les voit fuir, alarmée,
Comme s'envole la fumée.

GABRIEL FERRIER

....

SALAMMBO

Villanelle.

Lorsque le serpent la caresse,
L'enveloppant dans ses anneaux,
Salammbô sent monter l'ivresse.

Son sein palpite et se redresse ;
Son cœur bat à temps inégaux,
Lorsque le serpent la caresse.

Il se glisse avec tant d'adresse !
La charmant comme les oiseaux !
Salammbô sent monter l'ivresse.

Oh ! jamais aucune maîtresse
N'éprouva sa joie et ses maux,
Lorsque le serpent la caresse.

Elle se roule, elle s'affaisse,
A l'aspect de ses yeux si beaux !
Salammbô sent monter l'ivresse.

Un plaisir infini l'oppresse.
Ondulant comme les roseaux,
Lorsque le serpent la caresse,

Salammbô sent monter l'ivresse.

GABRIEL FERRIER

....

PORTRAIT DE M. JULES CLARETIE

Le peintre nous montre à sa table
De travail, dans un beau portrait,
Petit tableau plein d'intérêt,
L'écrivain charmant, l'homme aimable ;

Celui qui, la fortune aidant,
Vit le sort toujours lui sourire.
Le deuil de notre France inspire
Le patriote au cœur ardent.

La chronique sied à merveille
A son talent fin, gracieux ;
Son labeur est prodigieux ;
Il est actif comme l'abeille.

Il court de succès en succès,
Dans le roman et dans le drame ;
Prenant l'esprit et charmant l'âme,
Partout il gagne son procès.

La gloire tend la main amie
A Claretie, au travailleur;
Tout s'ouvre pour lui faire honneur;
Le Théâtre, l'Académie.

RÉPONSE DE M. JULES CLARETIE

AUX VERS SUR SON PORTRAIT

Acceptez donc mon compliment :
Vos vers sont exquis. Mais vraiment
Ne flattent-ils point ma figure?
Ou suivent-ils pas seulement
L'exemple d'un maître charmant,
Puisqu'ils nous peignent sa peinture?

JULES CLARETIE

14 mars.

FRIANT

....

SOIR D'AUTOMNE

Ils sont jeunes, déjà ; c'est l'automne pour eux
L'automne de l'amour ; ô pauvre jeune fille
Dans les beaux temps joyeux, il te disait gentille
Et ses yeux te couvraient de regards amoureux.

Maintenant, qu'il a pris ton corps avec ton âme,
Il parle de partir pour de lointains pays.
Qui fera revenir les jours évanouis,
Et l'éternel amour que d'abord on proclame ?

Tout passe, tout s'enfuit et la triste saison
Qui vient en enlevant les fleurs sur son passage,
Sait aussi, dans les cœurs, faire un affreux ravage ;
Elle peut, jeune fille, emporter la raison.

ÉDOUARD FOURNIER

....

VELLÉDA, PROPHÉTESSE DES GAULES

C'est en vain qu'elle est prisonnière;
En vain on a mis Velléda
Dans un noir caveau; droite et fière,
Comme autrefois elle chanta.
Les prisonniers, l'âme meurtrie,
Entendant sa voie aguerrie,
Lèvent encor leurs membres las;
Leur tête fière se redresse,
Devant la foi de la prêtresse,
Comme aux temps des anciens combats.

Dans le chant elle met son âme
Chaude plus que mille rayons;
Elle communique sa flamme
A ses malheureux compagnons.

La défaite d'un jour s'efface ;
L'image de la Gaule passe ;
Ils voient, pleins d'un élan nouveau,
Des guerriers vengeant leur souffrance,
Car leur sang doit crier vengeance
Du fond même de leur tombeau.

GAGLIARDINI

COUR DE FERME

Salut soleil, soleil joyeux,
Soleil qui réjouis les yeux !
Salut éclatante lumière !
Tu nous plais avec ta gaîté,
Avec tes chauds rayons d'été
Qui couvrent d'or une chaumière.

GUSTAVE GARAUD

LES BORDS DE LA VIOSNE

Au matin, dans les mois d'été,
Tout attire dans la nature.
On trouve, errant à l'aventure,
Mille coins remplis de gaîté.

Sous des dessous de bois superbes,
Sous un dôme d'arbres charmant,
Le ruisseau coule doucement,
Baignant les ronces et les herbes.

Pleins d'un attrait toujours nouveau,
On voit encadrés de lumières
Les noisetiers parés de lierres
Et les frênes penchés vers l'eau.

GERVEX

LA FEMME AU MASQUE

Qui que tu sois, ô sphynx charmant,
Simple bourgeoise ou bien marquise
Au corps plein d'ensorcellement,
Qui que tu sois, ô sphynx charmant,
Le poète, ainsi qu'un amant
Ravi, chante ta taille exquise;
Qui que tu sois, ô sphynx charmant,
Simple bourgeoise ou bien marquise.

FIRMIN GIRARD

....

L'ÉTÉ AU BAS-MEUDON

Triolets.

Que de vie et que de gaîté,
Au Bas-Meudon, tous les dimanches ;
Dans les jolis jours de l'été,
Que de vie et que de gaîté !
Paris joyeux a transporté
Là ses figures les plus franches ;
Que de vie et que de gaîté,
Au Bas-Meudon, tous les dimanches !

Ses arbres sont jolis à voir
Avec leur décor de verdure ;
Quand on quitte Paris si noir,
Ses arbres sont jolis à voir ;
On les désire, pleins d'espoir ;
En ville la chaleur est dure ;
Ses arbres sont jolis à voir
Avec leur décor de verdure.

Ses restaurants sont toujours pleins ;
On vient manger une friture,
Malgré la qualité des vins
Ses restaurants sont toujours pleins.
C'est qu'il vaut mille soupers fins,
Un dîner en pleine nature ;
Ses restaurants sont toujours pleins,
On vient manger une friture.

Le Bas-Meudon dans les beaux jours,
Sourit sur ces rives en fête :
Il fait éclore des amours,
Le Bas-Meudon, dans les beaux jours ;
Il entend maints et maints discours
Que l'écho rarement répète ;
Le Bas-Meudon, dans les beaux jours,
Sourit sur ces rives en fête.

On rit ; là, Rabelais riait.
Son rire est resté sous l'ombrage
Du Bas-Meudon qu'il égayait ;
On rit ; là, Rabelais riait.
Meudon joyeux l'été charmait ;
Nous en voyons la vraie image.
On rit ; là, Rabelais riait.
Son rire est resté sous l'ombrage.

FIRMIN GIRARD

SUR LA TERRASSE

Au moindre coup de vent, le feuillage succombe.
C'est l'automne, saison de mort, chère à l'esprit.
La nature est plus belle, alors que tout périt;
Quels jolis tons dorés a la feuille qui tombe!

Ce deuil nous fait penser à l'amour plein d'attrait.
Où sont les jours passés, jour de joyeux délire?
On part et se quittant avec un doux sourire,
On emporte dans l'âme un éternel regret.

GRIDEL

....

ATTAQUE D'UN SANGLIER

Sur les monts recouverts de neige,
Il se livre un combat sanglant ;
Le sol est tacheté de sang ;
Sus ! sus ! au sanglier qu'on assiège.

Les chiens lui barrent le chemin :
Un d'eux lui déchire l'oreille ;
Sa fureur aussitôt s'éveille,
Il bondit traînant le mâtin.

Il est terrible en sa colère ;
Voyez-le se précipitant.
Oh ! malheur au chien aboyant
Qu'a visé le vieux solitaire.

Il est atteint, il doit mourir
Au milieu d'horribles souffrances ;
Le sang a rougi les défenses ;
Chasseur, il est temps d'accourir.

HENNER

....

FABIOLA

Quel beau cou blanc et délicat!
Quel éclat
Dans ce profil d'un doux visage!
On admire, on ne décrit pas
Ses appas.
Notre regard lui rend hommage.

Le teint clair a plus de fraîcheur
Qu'une fleur,
Et l'œil plein de douce lumière
S'adresse rempli de ferveur
Au Seigneur
Dans une éloquente prière.

Fabiola, tes jolis traits;
Tes attraits;
Ton cou charmant, ton regard grave
Resteront toujours dans nos yeux,
Radieux
Comme une vision suave.

HENNER

FEMME QUI LIT

On ne peut que louer, peintre, ton corps de femme.
On ne peut qu'admirer ses longs cheveux dorés;
Son front calme et si pur où l'on sent vibrer l'âme.

Elle a le charme exquis des êtres adorés;
Son corps est ravissant, sa figure est divine;
« Quelle est-elle? » diront, en cherchant, les lettrés,

J'aime mieux contempler sa gracieuse mine,
Et, devant ta liseuse, aller longtemps rêver,
Que de savoir si c'est Madeleine ou Corinne.

Les liseuses comme elle, où peut-on en trouver?
On n'en voit que bien peu briller dans la nature.
Et le monde, ravi, devra bien avouer

Qu'elles sont tout aussi rares, même en peinture !

ᴔᴄ

FERDINAND HUMBERT

....

MATERNITÉ

Sous les pommiers en fleurs, dans les bras de leur mère,
Qu'ils sont beaux ces enfants ; comme ils semblent heureux ;
Mais le sombre avenir s'ouvre déjà pour eux,
Et le penseur les suit dans l'existence amère.

O rêves maternels, doux comme une chimère !
Qui suivez tendrement ce couple gracieux,
Et qui croyez toujours l'horizon radieux,
Ils ont grandi : voici la lutte meurtrière.

La fille, jusqu'au soir, travaille dans les champs.
Le fils, vaillant, debout dans les périls pressants,
Comme un homme de cœur combat pour la Patrie ;

Qui pleurera sur lui, quand, la face meurtrie,
Fier d'avoir eu pour elle à lutter, à mourir,
Il la fécondera par son sang de martyr?

FRANC LAMY

PAQUERETTE

Plus belle que les fleurs que l'on voit dans les prés,
O vierge, en ton printemps, tu mets le cœur en fête ;
On voudrait te cueillir comme une pâquerette,
Et t'emporter bien loin dans des rêves dorés.

JEAN-PAUL LAURENS

....

PORTRAIT DE MOUNET-SULLY DANS HAMLET

Acrostiche.

M ounet-Sully, tu sais étonner dans Hamlet.
O n admire ton jeu frappant, quand la folie,
U n instant, dans tes yeux met un trouble complet.
N ul ne peut sans frémir te voir, nul ne t'oublie,
E t l'on sent comme un feu sur ta face pâlie ;
T on âme a tressailli quand ta voix nous troublait.

S ur les sommets de l'art, toujours plus haut, avance.
U n artiste est celui qui nous rend, tout-puissant,
L es héros qu'un génie a faits en frémissant ;
L 'histoire en retient peu ; la voix publique en France
Y met Mounet auprès de Talma qu'on encense.

JULES LEFEBVRE

....

PORTRAIT DE MISS L.

Le peintre avec grand art retrace
Votre grâce,
Votre visage délicat !
Nulle fleur n'a plus de mystère,
Sur la terre,
Aucune rose cet éclat.

L'âme, ce diamant sans tache,
Qui se cache,
Devant nous brille d'un tel feu,
Que l'on vous croit, ô jeune fille
Très gentille,
Un ange sorti du ciel bleu.

JULES LEFEBVRE.

....

PORTRAIT DE Mme T^{* * *}

Triolets.

Dans ce portrait, charme des yeux,
Le peintre a mis la poésie
De tout votre être gracieux.
Dans ce portrait, charme des yeux,
Tout plaît, tout est harmonieux.
On admire, l'âme saisie.
Dans ce portrait, charme des yeux,
Le peintre a mis la poésie.

Dans le présent, dans l'avenir,
Vous charmerez, ô jeune femme!
Vous voilà faite pour ravir
Dans le présent, dans l'avenir.
Toujours dure le souvenir
De ce qui fait plaisir à l'âme.
Dans le présent, dans l'avenir,
Vous charmerez, ô jeune femme!

JULES LEFEBVRE

....

PSYCHÉ

L'étoile au front, les mains tenant le sort du monde,
Psyché s'asseoit rêveuse, en attendant Caron.
« Quel est donc ce beau lys éclos sur l'Achéron ? »
Pensent les morts errant dans une nuit profonde.

JULES LEFEBVRE

....

ORPHELINE

L'aïeule est à genoux, elle oublie en priant
Les douleurs d'ici-bas près de Dieu qui console.
L'orpheline qui pense aux absents, se désole ;
On lit ses longs regrets dans son regard touchant.

La grand'mère devra, comme une feuille morte,
Disparaître emportée, hélas ! dans quelques jours.
Elle se sent rester sur terre, sans secours,
Comme l'oiseau perdu dont l'aile n'est pas forte.

HECTOR LEROUX

....

PÊCHEURS

Sonnet.

Sur les bords du vieux Tibre, ô la belle pêcheuse !
Mais elle n'a pas l'air de prendre du poisson.
Près d'elle, que fait-il, étendu, ce garçon,
La tête dans ses mains, la figure songeuse ?

Il pense, en observant qu'elle n'est pas heureuse,
Que lorsque ses grands yeux lui servent d'hameçon,
A travers notre corps court si vite un frisson
Qu'on s'élance, saisi d'une ardeur amoureuse,

Ainsi qu'un papillon séduit par un flambeau.
Sa prunelle contient une telle lumière
Et le ciel y reluit si brillant et si beau,

Que l'on vient y porter son âme tout entière.
On aspire ravi, — tant c'est un heureux sort, —
A mordre à cet appât, dût-il donner la mort.

HECTOR LEROUX

....

LE CORTÈGE DES VESTALES FUYANT ROME

Les barques lentement glissent le long du Tibre,
Et les arbres croient voir passer des cygnes blancs;
Quel nid peut abriter ces pauvres cœurs tremblants;
Ces vestales cherchant un coin de terre libre?

La ville incendiée et les palais fumants
Ont dans la nuit qui vient d'ardentes étincelles.
Elles partent portant tous leurs Dieux avec elles,
En crainte des Gaulois ces hardis conquérants.

Ainsi qu'on aperçoit dans le ciel le nuage
Aller sans savoir où, balloté par l'orage,
Les prêtresses s'en vont sur le fleuve, au hasard;

Sur les ondes leur nef doucement se balance,
Et poursuit son chemin au milieu du silence;
Rome, reverras-tu ce cortège qui part?

℃

LHERMITTE

....

LE VIN

Notre gaîté se meurt et rien ne la ranime.
Rire, chez les Français, aujourd'hui semble un crime !
    On dirait qu'un voile de deuil
Envahit les esprits ; nos livres sont moroses.
On croirait, même au temps de la saison des roses,
    La gaîté gauloise au cercueil.

L'Amour même, l'Amour, l'Amour nous abandonne.
Son chant mélodieux que la lèvre fredonne,
    Son chant tout rempli de baisers,
D'attente, de soupirs et de plaisirs sans nombre,
S'éteint, de plus en plus, sur un sol par trop sombre
    Où les cœurs ne sont plus grisés.

Notre gaîté s'en fût avec nos beaux vignobles,
Leur récolte exaltait nos instincts fiers et nobles.
        Hélas! que de coteaux déserts!
Le bon vin ne peut plus suffire à notre France.
A nos aïeux toujours, il donna l'espérance
        Dans tous les maux qu'ils ont soufferts.

Et voici que deux fois on fait notre conquête.
L'étranger qui nous craint, l'ennemi qui nous guette
        Avec un désir inhumain,
Redoutant nos produits, remplis de mille flammes,
Nous donne, pour troubler nos esprits et nos âmes,
        Sa lourde bière de Germain.

Arrière ce poison! qu'il soit loin de nos verres.
Il nous faut l'excitant de nos anciens trouvères.
        Chantons l'amour, aimons, aimons;
Ne nous contentons plus de vaines phrases creuses;
Recherchons les souris des belles amoureuses
        Dont on chiffonne les jupons.

O parfum de beauté, tu montes à la tête.
Les boutons des beaux seins, si charmeurs qu'on les fête,
        Ont aussi la couleur du vin.
Ils nous donnent bientôt, alors qu'on les caresse,
Comme le vin léger, une excitante ivresse,
        On éprouve un plaisir divin.

Buvons au vin qui manque, avec le vin qui reste.
Il est encor des champs sur quelque mont agreste
     Qui s'emplissent de cris joyeux;
Buvons à la beauté, dont notre âme est éprise;
Et comme nos aïeux, aimons tout ce qui grise
     Nos corps, nos esprits et nos yeux.

D. U.-N. MAILLART

....

ÉTIENNE MARCEL

Le peuple accourt en foule et salue avec joie,
Marcel, le fier tribun, qui, lorsque tout s'abat,
Noblesse et royauté, se dit prêt au combat.
La France des Anglais ne sera pas la proie

Tant que vivra Marcel, ivre de liberté.
Un greffier, près de lui, vient lire une ordonnance,
Que le roi dut signer; le cortège s'avance,
Proclamant au grand jour le mot d'égalité.

Là, bourgeois, écoliers et manants, pêle-mêle,
Accourent pour mieux voir leur défenseur aimé,
Et sur tout le chemin son nom est acclamé.
Marcel; la royauté doit bien veiller sur elle.

Tu répands dans les cœurs un éclatant flambeau
Que les siècles, en vain, essayeront d'éteindre ;
La vérité du temps n'a jamais rien à craindre ;
Car elle sait sortir vivante du tombeau.

Rejetant de côté noblesse abâtardie,
Tu comptes sur le peuple, et c'est avec raison.
Après Poitiers, après Crécy, qu'est le blason ?
Tu veux un sang nouveau, plus jeune et plein de vie.

. . . .

. . . .

Plus tard, comme un martyr, tu tomberas frappé ;
Mais t'ayant vu, toujours, pour son bien occupé,
Paris n'oublîra pas ton ardente parole.
Comme aujourd'hui, couvrant ton front d'une auréole,
Il voudra, libre et fort, à jamais te bénir,
O bourgeois, o rêveur du progrès à venir.

MAILLARD

LA MORT DE CORÉE, HÉROS BELLOVAQUE

Il se dresse au milieu des morts, guerrier terrible.
Il présente son corps aux coups comme une cible.
Nul n'a pu le combattre et le saisir vivant.
En vain César le veut à son char triomphant;
Corrée enchaîné doit croître sa renommée;
La hache dans sa main seul il brave une armée.
Pour oser l'approcher, son bras frappant trop fort,
Au fier vaincu, de loin, archers, donnez la mort.

ALBERT MAIGNAN

....

LA RÉPUDIÉE

Où donc vas-tu, reine exilée,
Avec ta nourrice zélée,
Audoweere, avec ton enfant ?
Tu t'avances, au jour tombant,
A travers la boue, en tremblant,
Dans une lande désolée.
Où donc vas-tu, reine exilée ?

ALBERT MAIGNAN

....

MORT DE GUILLAUME LE CONQUÉRANT

Harold, est-elle là ton ombre vengeresse ?
Ta veuve dut chercher longtemps ton corps sanglant,
Vaincu, cher à ton peuple, et le prit en pleurant.
Lors, Guillaume vainqueur riait plein d'allégresse.

Mais à peine meurt-il, qu'on lui pille son bien ;
Que l'on jette son corps hors de son lit superbe.
Il t'envierait le mort qui portait haut le verbe
Dans son palais désert dédaigné comme un chien.

ALBERT MAIGNAN

LES VOIX DU TOCSIN

Le tocsin lugubre résonne.
C'est le feu, c'est l'invasion ;
Qui sauvera la nation ?
La cloche sonne, sonne, sonne.

En l'entendant l'esprit frissonne.
Chaque son devient une voix
Effarée aux troublants émois ;
Le tocsin lugubre résonne.

La foule des voix tourbillonne
Vers la ville, qui, vrai brasier,
Semble toute s'incendier.
La cloche sonne, sonne, sonne.

La flamme plus vive rayonne.
En vain, on cherche des abris ;
Les airs se remplissent de cris,
Le tocsin lugubre résonne.

La cloche sonne, sonne, sonne,
Apportant sur l'aile des vents,
La plainte des morts aux vivants.
Le tocsin lugubre résonne.

MONTENARD

SIX FOURS — EN PROVENCE

Le soleil sur le sol verse à flots sa lumière ;
Il vient dorer les monts de ses rayons brûlants ;
Les chardons sont brûlés, les oliviers tout blancs ;
Nul ne sort ; sur la route on boit de la poussière.

C'est midi, le mois d'août et la chaude saison ;
Quand tous sont accablés sous la chaleur brutale,
La fille du soleil, la petite cigale
Dans les prés embrasés entonne sa chanson.

Souvent on l'entend seule au milieu du silence.
Aussi, nous exilés, ô cigale, avons pris
Comme porte-drapeau ton nom en plein Paris.
C'est pour nous un écho des plaines de Provence.

Toi qui sais réveiller les champs de leur sommeil,
Au milieu des temps gris et de l'horrible pluie,
Tu sembles un rayon de la lumière enfuie,
Toi qui ne sais chanter et vivre qu'au soleil.

AIMÉ MOROT

DRYADE

Le regard admire, enchanté,
La beauté
Dans la splendeur harmonieuse
D'un corps chaste et nu qui sourit
A l'esprit :
Salut, dryade gracieuse.

Tu te regardes aux ruisseaux,
Et les eaux
Vont reflétant ta douce image;
La joie en tes yeux resplendit
Et nous dit
Que leur miroir te rend hommage.

Aucune biche dans les bois,
N'a, je crois,

Une souplesse plus charmante;
Nulle fleur n'a ton teint vermeil,
Sans pareil;
Ni ta fraîcheur éblouissante.

Vénus sortant du sein des mers,
Dans les airs
Montrant sa beauté radieuse,
Aurait pu t'envier les plis
Si jolis
De ta bouche aimable et rieuse.

Toujours charmé par tes appas
Délicats,
Le regard te dira qu'il t'aime;
Toujours les yeux liront, ravis,
Éblouis,
Ton corps, ce merveilleux poème!

AIMÉ MOROT

REICHSHOFEN — 7ᵉ ET 9ᵉ CUIRASSIERS

C'est la fin. Ils sont seuls, protégeant la retraite ;
Ils partent au galop et la mort les arrête ;
    Ils vont jusqu'au bout, en avant ;
De moins en moins nombreux, rien n'apaise leur rage ;
L'ennemi, qui de loin admire leur courage,
    Doit abattre ce flot vivant.

O les vaillants soldats dont notre France est fière !
Regardons-la passer cette cohorte altière
    A travers les feux meurtriers ;
Quel admirable élan en leur âme enflammée.
Ils vont deux régiments contre toute une armée.
    A ces braves, mille lauriers.

La victoire n'a pas couronné leur vaillance,
Mais ils ont su montrer que l'âme de la France
    Bat encor dans de nobles cœurs ;
Que lorsqu'on sait mourir écrasé par le nombre,
L'espoir reste toujours ; le ciel n'est jamais sombre ;
    Les vaincus font peur aux vainqueurs.

AIMÉ MOROT

TORO COLANTE

Il revient s'accoler toujours à sa victime,
Le taureau furieux, les cornes en avant,
Sur le cadavre en sang, chargeant et rechargeant
Ainsi qu'un assassin, rendu fou par le crime.

On crie, on applaudit ; quand tout à coup, hautain,
Fondant sur le cheval, qu'il retient sur sa tête,
Maître au milieu du cirque, un instant il s'arrête
Comme un triomphateur chargé de son butin.

JERNAND PELEZ

....

GRIMACES ET MISÈRE

Les Saltimbanques.

Pierrot lance des traits plaisants pour faire rire ;
Le pitre, près de lui, prend un air gracieux,
Et le nain se redresse ainsi qu'un orgueilleux :
En avant la musique et le joyeux délire.

La misère qu'on sent ne saurait être pire.
Sous ces masques humains, la gaîté n'est qu'aux yeux ;
L'orchestre est lamentable à voir : de pauvres vieux
Jouent de gais instruments, leur cœur gonflé soupire.

Les filles que l'on voit, sous des maillots navrants,
Viennent nous raconter des maux encor plus grands ;
Il leur faut amuser le public, à cet heure,

Alors que le malheur dans la vie est leur lot ;
Alors que l'existence est comme un long sanglot !
Seul l'enfant au tambour n'a pas de masque, il pleure !

PELOUSE

....

LA SOURCE BERGERETTE

PRÈS BESANÇON

La source passe vivement,
Cascadant à travers la mousse
Qui projette une note douce
Dans le sous bois sombre et charmant.

On se sent là bien loin du monde ;
A peine un rayon de soleil
Vient, dans un coin, donner l'éveil
A la solitude profonde.

L'oiseau seul donne de la voix,
En s'abritant sous la ramure,
Et répond au gentil murmure
De la source sous les grands bois.

PUVIS DE CHAVANNES

LE BOIS SACRÉ

AU PALAIS DES ARTS, A LYON

Terza rima.

On devine, à le voir, que l'endroit est sacré.
O l'Éden ravissant où l'on chante, où l'on rêve,
Où l'esprit aimerait se trouver égaré!

Ici l'âme toujours vers l'idéal s'élève;
Le beau nous y séduit et, tranquille, on y fait
Un doux songe divin qui jamais ne s'achève.

Tout est surnaturel pour nous et tout nous plaît.
C'est en vain qu'on voudrait analyser le charme
Qui nous saisit devant ce chef-d'œuvre complet.

Au milieu de ces prés le cœur n'a pas d'alarme,
Et le malheur jamais sur ces beaux gazons verts
N'a pu faire verser la plus légère larme.

Des parfums enivrants voltigent dans les airs;
Le printemps éternel est dans le bois mystique
Où sans cesse on attend d'agréables concerts.

6.

Voici la Poésie et voici la Musique,
Qui viennent dans les cieux apporter à leurs sœurs
Les Muses, le trésor de leur accent magique.

C'est le palais des arts tout rempli de douceurs,
Où tout est à sa place avec tant d'harmonie
Que le bonheur est là, dans ces bois, près des fleurs.

D'ici les Muses vont exciter le génie
Des hommes que l'on voit sur terre, triomphants;
Dont on aime toujours la besogne bénie.

Pour montrer à nos yeux ces êtres élégants,
Les Muses aux doux fronts, aux suaves visages,
Aux corps enveloppés dans des vêtements blancs;

Pour rendre cet air pur, ce ciel bleu sans nuages,
Il faut en avoir eu la vive vision,
Et s'être promené longtemps dans ces parages.

Et toi seul en avais l'exacte notion;
Faisant dans l'idéal de merveilleuses glanes,
Sans cesse tu retiens notre admiration :

O grand maître charmeur, ô Puvis de Chavannes.

RAPIN

LE SOIR

Déjà l'ombre du soir arrive,
Voilant les nuages dorés ;
La lumière paraît moins vive,
Tout semble dormir dans les prés.

La nature est silencieuse.
Paisible, un bœuf boit au ruisseau.
Tout est tranquille et tout est beau
A cette heure délicieuse.

Un charme inexpliqué vous tient.
Village, arbres, ciel, terre, espace,
Petit à petit tout s'efface :
C'est l'heure du rêve qui vient.

RAPIN

LA NEIGE

Villanelle.

O belle neige immaculée,
Belle neige, ton manteau blanc
S'étend au loin dans la vallée.

Comme une vierge aux yeux voilée
Tu gardes un aspect charmant,
O belle neige immaculée.

Tu règnes sans être troublée.
Il n'est plus un être vivant;
Plus un seul cri dans la vallée.

Couvrant la branche dépouillée
On aperçoit ton flocon blanc,
O belle neige immaculée.

Et notre vue est égayée,
Quand ton spectacle saisissant
S'étend au loin dans la vallée,
O belle neige immaculée!

RENOUF

....

LE PILOTE

Ils s'en vont, lentement, à travers la tempête;
Le navire, là-bas, paraît comme un point noir.
Bravement à l'orage ils savent tenir tête;
Ils avancent, faisant, tranquilles, leur devoir.

Le flot, en furieux, les frappe et les secoue;
Leur barque est dans les airs, et tantôt sous les flots;
On dirait que la vague incessament se joue,
Des généreux efforts des hardis matelots.

Ils sont à la merci de la mer, à cette heure.
Le danger ne saurait faire pâlir leurs fronts.
Sur la rive, à genoux, est la femme qui pleure;
Eux, se font un chemin, à grands coups d'avirons.

Un navire, en détresse, a besoin d'un pilote;
Il s'agit de sauver un bâtiment entier,
Sur la mer en courroux, corps sans âme qui flotte,
Ignorant le récif posté comme un guêpier!

Ils avancent; la vague avide de naufrage,
Vient, en vain, en hurlant, soulever le bateau;
Ils veulent accomplir l'œuvre de sauvetage,
Malgré les coups de mer et la rage de l'eau.

Ils avancent; de loin, le passager qui tremble,
Sent sa vie attachée à leur suprême effort.
Ils avancent; voyant leur courage, il lui semble
Déjà voir s'envoler l'image de la Mort.

RENOUF

....

UN COUP DE MAIN

Elle veut, la petite fille,
Elle aussi mener le bâteau ;
En le sentant glisser sur l'eau,
Elle ne rit ni ne babille.

Elle fait un léger effort.
Son grand-père, qui la regarde
Lui dit, en fumant sa bouffarde,
Nous allons arriver au port.

En voyant que la rive est proche,
Plus encor se raidit l'enfant,
Et le vieux est tout souriant
D'exciter la mouche du coche.

ROCHEGROSSE

ANDROMAQUE

La ville est tout en sang ; mille tête coupées
Gisent sur les chemins, près des palais en feu ;
De toutes parts, la flamme arrive par bouffées ;
On n'entend retentir que plaintes étouffées,
Lorsque Troie, en mourant, jette un funèbre adieu.

Sur le large escalier des demeures royales,
Où l'on voit des pendus presque à moitié brûlés ;
Où le carnage a mis ses traces infernales,
On ne trouve que morts, que mourants dont les râles
Volent en frémissant dans les airs effarés.

Les guerriers morts, voici la dernière victime :
Des combats d'autrefois se souvenant encor,
Les Grecs veulent tuer un enfant, être infime.
Ils craignent que, plus tard, un grand esprit l'anime,
Car dans Astyanax ils voient l'ombre d'Hector.

Ils l'ont pris sans pitié dans les bras de sa mère.
Andromakè s'élance et cherche son enfant.
Elle, si douce, semble une hyène en colère ;
Elle sort du harem dans sa toilette claire
Où sont des swastika, de beaux soleils levant.

« Rendez-moi mon enfant, rendez-le moi ; sa bouche
Ne connaît pas la haine ; il ne saurait souffrir.
C'est mon unique amour ; que ma plainte vous touche. »
Les soldats l'ont saisie, elle lutte, farouche,
En vain ; Astyanax en ce jour doit mourir.

Sur le haut du rempart, Odysseus qui guette,
Attend ; Andromakè ne saurait l'émouvoir.
Il croit qu'il est besoin d'écraser cette tête ;
En regardant son ombre immobile et muette,
C'est la fatalité que l'on croit entrevoir.

La ville est toute en sang ; mille têtes coupées
Gisent sur les chemins, près des palais en feu ;
De toutes parts, la flamme arrive par bouffées ;
On n'entend retentir que plaintes étouffées,
Lorsque Troie, en mourant, jette un funèbre adieu.

ROLL

....

FEMME ET TAUREAU

Avec sa vivante peinture
Pleine de charme et de fraicheur,
Roll sait nous rendre la nature
Avec sa vivante peinture.
Quelle adorable créature,
Près du taureau plein de vigueur;
Et quelle vivante peinture
Pleine de charme et de fraîcheur.

PAUL SAIN

FIN D'AUTOMNE

La Provence est charmante aux beaux jours de l'automne ;
Le ciel limpide et pur vous charme et vous étonne ;
Les arbres sont à voir avec leurs tons jaunis,
Dans les bois où se fait un attrayant silence ;
A l'heure où le soleil recule, où l'ombre avance ;
A l'heure où tous les bruits terrestres sont bannis.

Les troupeaux sont rentrés ; l'homme a gagné son gîte.
Voilà que lentement le feuillage s'agite,
Avant la fin du jour ; les chênes grands et beaux
Que l'on voit, élégants, au ciel dresser la tête
Semblent suivre, ravis, leur corps qui se reflète,
Pour la dernière fois, dans le miroir des eaux.

SAINT-PIERRE

....

PORTRAIT DE Mlle DE B***

Odelette.

Ce portrait, mieux que des chansons,
  Aux doux sons,
Ira célébrer votre grâce ;
Tant il nous rend bien vos grands yeux
  Merveilleux
Où toute l'âme blanche passe.

Quand tout en vous est pureté
  Et beauté ;
Comment vous louer ? Moi, je n'ose.
Oh ! que n'ai-je le frais soupir
  Du zéphyr
Lorsqu'il vient effleurer la rose !

SAUTAI

....

L'ENTRÉE A L'ÉGLISE

Son pas seul vient troubler le silence profond ;
Elle entre dans l'église et prend de l'eau bénite.
Ce lieu silencieux à la prière invite.
Ici, le mur est nu du bas jusqu'au plafond.

A quoi sert pour prier la belle cathédrale,
Avec mille trésors qui délassent les yeux?
L'esprit se sent saisi d'un sentiment pieux,
Sous de simples murs blancs, auprès d'un Christ qui râle.

TOULMOUCHE

PORTRAIT DE RÉJANE

C'est l'esprit et c'est la gaîté,
La grâce même que Réjane.
Son talent, Paris l'a fêté ;
C'est l'esprit et c'est la gaîté.
Le public l'écoute enchanté ;
Sa voix alerte vole et plane ;
C'est l'esprit et c'est la gaîté,
La grâce même que Réjane.

JULES VALADON

LE PUITS MITOYEN

Odelette.

Adieu l'idylle d'autrefois
　　Et la voix
Séduisante qu'on aime entendre ;
Adieu les beaux yeux curieux
　　D'amoureux,
Dont on a peine à se défendre.

Loin, bien loin, l'amour ressenti
　　Est parti.
Avec la jeunesse envolée,
Nul ne vient poussé par l'espoir
　　De la voir ;
Elle est, dans la cour, isolée.

Tout est calme au puits mitoyen ;

Temps ancien

Nul ne garde ta souvenance ;

La beauté tout comme l'amour

N'a qu'un jour

Dans le printemps de l'existence.

PAUL VAYSON

....

LE PRINTEMPS

Odelette.

C'est le printemps, le renouveau !
          Tout est beau,
Tout est joli dans les campagnes ;
Les oiseaux retrouvent leur voix ;
          J'aperçois
La bergère au pied des montagnes.

Le troupeau trop longtemps captif,
          Et plaintif,
Sort enfin de la bergerie ;
Il s'abreuve dans les ruisseaux
          Dont les eaux
Sont plus pures en la prairie.

Arbres dénudés trop longtemps,
Le printemps
Recouvre vos branches naissantes ;
On revoit, joyeux, les premiers
Amandiers
Vêtus de fleurs étincelantes.

Tout se ranime. Tout renaît
Et tout plaît ;
Dans les airs passe un doux mnrmure ;
Ce ne sont qu'enivrants frissons,
Et chansons,
Dans les prés et sous la ramure.

Le mouton, quand le bois verdit,
Court, bondit,
Près de la chèvre qu'il appelle ;
Ses bonds se font plus caressants
Et pressants ;
Il est là tendrement qui bêle.

La bergère a l'air tout rêveur ;
La langueur
D'elle ne sait trop quelle ivresse,
Doucement fait battre son sein,
Quand sa main
Se livre au chien qui la caresse.

S'il venait un joli pastour
                D'alentour,
L'œil souriant et la voix tendre,
Il ne parlerait pas en vain ;
                Ce matin
Elle aurait plaisir à l'entendre.

Salut au printemps enchanteur !
                Grand charmeur,
Il chasse du cœur la froidure ;
Il fait oublier les frimas ;
                Sous les pas
Il jette un tapis de verdure.

Il fait résonner mille voix
                A la fois ;
Tout à nos yeux se renouvelle :
La femme, les fleurs et les prés
                Diaprés,
Lorsque son souris étincelle !

PAUL VAYSON

LES CHERCHEURS DE TRUFFES

Sur les jolis monts de Provence,
Dont on aperçoit le sommet,
Il est un spectacle, ô gourmet,
Pour toi rempli de jouissance.

Tu dois le regarder joyeux,
En pensant aux fêtes prochaines;
On retire près des grands chênes
Une truffe du sol pierreux.

Fouillant dans la terre avec rage,
Poil hérissé, mi-jaune et noir,
Le chercheur est vraiment à voir,
Son corps maigre entier à l'ouvrage.

Pour ce travail, dès le matin,
Son guide l'a mis en campagne,
Quand le brouillard sur la montagne
Jette encore un voile incertain.

PAUL VAYSON

....

L'ANGELUS

Odelette.

A l'heure des soleils couchants,
Dans les champs,
Tout est poésie et mystère.
Quel charme a le rayon qui fuit ;
Il séduit,
En quittant à regret la terre.

Un croissant de lune apparaît,
Plein d'attrait ;
Sa lueur douce se marie
A celle qui part, et le blond
Apollon
Lorgne Phébé dans la prairie.

Tout s'éclaire de jolis tons :
Les moutons,
Et la bergère séduisante
Qui paraît ouïr, dans les prés
Empourprés,
L'hymne d'amour que le ciel chante.

SCULPTEURS FRANÇAIS

A AUGUSTE CAIN

....

Terza rima

Maître, loin des cités, tu promènes tes rêves;
Tout t'y paraît petit, sous de mesquines lois;
Vers un vaste horizon plus large, tu t'élèves.

Tu t'en vas, parcourant les déserts et les bois,
Voir les fauves livrer des batailles épiques;
La terre au loin frémit sous leurs puissantes voix.

Nul n'a mieux su montrer les luttes héroïques
Des monstres, devant qui chacun tremble et s'enfuit;
Les plus braves près d'eux ont des terreurs paniques.

Ton œuvre est émouvante, ô maître; elle produit
Un effet saisissant; elle frappe, elle attire,
Ayant une grandeur superbe qui séduit.

Le rustre s'en émeut et le savant l'admire;
Et le chant du poète emporté par les vents
Voudrait avoir, ainsi que l'œuvre qui l'inspire,

La durée éternelle et l'éternel printemps.

J.-B. HUGUES

....

ŒDIPE A COLONE

Sonnet.

Sur la pierre, il s'assied pour sa mignonne enfant,
Dont le corps fatigué, comme un beau lys se penche ;
Lui, marcherait toujours ; levant sa tête blanche,
Aveugle, il voit encor tout près un spectre errant.

Il n'a plus de repos, car son crime est trop grand.
Sa vie est un fardeau qu'il veut qu'on lui retranche.
Le jour où le malheur, vif comme une avalanche,
Le frappe sans pitié, que d'horreurs il apprend !

Parricide, il a pris sa mère pour sa femme !
Ses frères sont ses fils ! Il revoit dans son âme,
Sans pouvoir les chasser, ces forfaits odieux.

Oh ! lorsque comme un fou, se frappant la paupière,
Il voulut s'enlever à jamais la lumière,
La pensée aurait dû s'enfuir avec ses yeux.

STANCES

A LA MÉMOIRE DE JEAN IDRAC

....

Dans ce siècle, parmi les grands tailleurs de pierre
Et les fins ciseleurs des marbres au grain pur,
Qui savent de leur souffle animer la matière,
Et conquérir la gloire avec un outil dur :
Idrac est parmi ceux dont notre France est fière.

Comme un pionnier qui s'ouvre les chemins,
Il avançait toujours. Le monde, pour lui juste,
Savait récompenser ses efforts jamais vains.
Il devait aller loin, avec son corps robuste,
Semblant d'un roc taillé par ses puissantes mains.

Maintenant, ses grands yeux, ouverts à la lumière,
Qui savaient fouiller l'art avec tant d'intérêt,
Sont éteints à jamais. Un seul coup de tonnerre
Qui sillonne les airs, foudroie et jette à terre
Le chêne, qui de haut dominait la forêt.

On voudrait à la mort reprocher tous ses crimes.
Idrac, ô mon ami! couché dans un linceul!
Elle confond les forts avec les plus infimes;
Elle n'a pourtant pu prendre que ton corps seul,
Ton âme est parmi nous dans tes œuvres sublimes.

Nul n'a mieux fait vibrer le marbre glacial;
Mieux tiré la beauté de sa blanche enveloppe.
Après l'*Amour piqué*, l'inventeur musical
Mercure; ton serpent charmé se développe
Autour de *Salammbô*, vierge chère à Baal.

Voici que tout à coup, dans ton œuvre dernière,
Marcel, le fier tribun, se dresse audacieux;
C'est le peuple debout, la nation entière
Accourant le front haut et l'éclair dans les yeux,
Contre les rois laissant ouverte la frontière.

Aussi, je crois qu'en haut, au pays des réveils,
Aussitôt apparu, Phidias, Michel-Ange
Ont été tes parrains. En leur belle phalange
Les artistes, passant ainsi que des soleils,
Ont dû te recevoir comme un de leurs pareils.

INJALBERT

....

AMOUR INCITANT DES COLOMBES

Statue marbre.

Les oiseaux rapprochent leurs ailes,
Plus près, plus près, plus près, toujours.
Un Dieu vient, au temps des amours,
Leur donner des ardeurs nouvelles.

Les frimas, les bises cruelles
Ayant fui vers d'autres séjours,
Les oiseaux rapprochent leurs ailes
Plus près, plus près, plus près, toujours.

Ils ont au bec des flammes telles
Qu'ils veulent des chemins plus courts.
Se plongeant, avec des cris sourds,
Dans des caresses éternelles,
Les oiseaux rapprochent leurs ailes,
Plus près, plus près, plus près, toujours.

ANTONIN MERCIÉ

....

QUAND MÊME

Groupe marbre.

Quand même vous viendriez, trop heureux capitaines,
Avec des légions qu'on compte par centaines,
Vous n'auriez pas encor raison de la cité.
Quand même vous auriez conquis toute la terre,
Vous la verriez, encor, se dresser toute fière
      Comme le lion indompté.

Restant seule debout quand la France succombe,
Soutenant d'une main le malheureux qui tombe,
De l'autre, combattant dans un dernier espoir,
Vaillante, elle apparaît, la menace à la bouche,
Et vierge, elle défend que l'on souille la couche
      Qui doit seule la recevoir.

Chaque jour, les assauts se succèdent sans cesse ;
L'ennemi si nombreux, qui, sans répit, la presse,
Est toujours repoussé. Lui-même est pris de peur,
Et ce lugubre cri s'étend dans son armée :
La mort est sous Belfort, grande ville affamée
      Du sang maudit d'envahisseur.

En vain, il traîne ici ses canons, ses mitrailles ;
Quand la brêche est ouverte à travers les murailles,
La poitrine s'y met comme un vivant rempart.
Quand un soldat succombe, un autre le remplace ;
Chacun voulant mourir ou conserver la place,
      Du danger réclame sa part.

Où pourrait-on trouver, en parcourant l'histoire,
Dans les jours de défaite et dans les jours de gloire,
Un exemple aussi grand d'un si sublime effort ?
Quand tout semble perdu, dans la lutte suprême,
Bien peu savent mourir et résister quand même,
      Comme les héros de Belfort.

PRINTEMPS

LE REPRÉSENTANT BAUDIN

TUÉ SUR LA BARRICADE, LE 3 DÉCEMBRE 1851

Tu t'avances n'ayant pour arme que la loi.
Tu veux parler, Baudin, et l'on tire sur toi!
Tu tombes, en martyr, la tête ensanglantée.
Le tyran est joyeux, le crime est accompli;
Mais, les vengeurs, un jour, ô mort enseveli,
Au fond de ton cercueil trouveront une épée.

SUCHETET

....

BIBLIS

La consolation que tu sens la plus douce
Est de pouvoir pleurer; pleure, pleure, Biblis;
Tes pleurs ont déjà fait un chemin dans la mousse.

Ton père, le Soleil, qui voit tes traits pâlis,
Tout ému de pitié, lorsqu'il poursuit sa course,
Te fait pleurer, enfant aux bras blancs comme un lys,

Jusqu'à ce que ton corps charmant se change en source.

PEINTRES ET SCULPTEURS ÉTRANGERS

Mlle MARIE BASHKIRTSEFF

....

QUATRAIN GRAVÉ SUR SON TOMBEAU

Son nom est immortel et luit comme un flambeau.
Dans les siècles, j'entends sa mémoire bénie,
Car, il a tant produit son précoce génie,
Que tous les arts en deuil pleurent sur son tombeau.

Mlle MARIE BASHKIRTSEFF

....

LE MEETING

Musée du Luxembourg.

Ils sortent de l'école où l'esprit des enfants
S'est trop longtemps nourri de sujets étouffants :
De l'aride calcul et de l'âpre dictée;
De la dure leçon mot à mot récitée,
Sans en saisir assez le sens et la raison.
On les a fait sortir enfin de leur prison !
Adieu bouquins; adieu pensums; adieu vieux maître,
Qui, toujours courroucé, semble ne pas connaître
Que l'air vif a du bon et vous met en gaité;
Qu'il est doux de courir, joyeux, en liberté;
Qu'il ne faut pas longtemps que les jambes se rouillent.
L'enfant est un oiseau dont les lèvres gazouillent;
Qui n'a qu'un seul désir, qu'un seul plaisir : jouer.
Il veut, étant resté calme, se remuer.

Mais à quel jeu jouer ? oh ! la question grave !
Pour bien l'élucider, il faudrait un conclave.
Aussi voit-on souvent, sur le bord du chemin,
Des gamins réunis, la toupie à la main,
Le bout du fouet aux dents, au sortir de l'école ;
Et là, des orateurs à la chaude parole,
Écoutés de chacun, éloquents, entraînants,
Parlent de ce qui fait le bonheur des enfants.

Et l'esprit se reporte aux beaux jours de l'enfance,
Dont le plaisir était l'unique jouissance ;
Où l'on rêvait de jeu, comme on rêve d'amour ;
Où l'on aurait voulu s'amuser tout le jour.
Ignorant des meetings ennuyeux, politiques,
On se réunissait pour des choses pratiques ;
L'un n'avait pas raison, l'autre n'avait pas tort ;
On faisait tout afin de bien tomber d'accord,
Et, l'accord établi, la petite assemblée,
Prenait dans le préau, joyeuse, sa volée.

Mlle MARIE BASHKIRTSEFF

....

LE PARAPLUIE

O misère simple et navrante !
O douleurs qui n'émeuvent pas
Et qu'on peut voir à chaque pas
Dans l'existence désolante !

Oh ! combien d'êtres malheureux
Que l'on rencontre dans la rue,
Qui désoleraient votre vue
Si l'on avait pour eux des yeux.

On passe. Vision enfuie.
Qui se ressouvient de l'enfant,
Qu'enveloppe un châle trop grand,
Que couvre mal son parapluie ?

Elle s'en va sur le chemin,
Par le mauvais temps, la pauvrette ;
Elle n'a rien qui vous arrête,
Car elle ne tend pas la main.

Elle a frappé l'œil de l'artiste,
Qui, laissant le monde joyeux,
La fait apparaître à nos yeux,
Avec son air souffrant et triste.

Cette figure parle au cœur.
Dans son expression touchante
Et réaliste, elle nous chante
Le poème de la douleur.

CARONI

....

MESSAGER D'AMOUR

Odelette.

Vole, beau messager galant,
        Pigeon blanc,
Vers mon bien aimé, vole, vole ;
Je te charge, avec mes aveux,
        De mes vœux ;
Porte-lui ma douce parole.

Porte-lui mes ardents soupirs,
        Mes désirs ;
Porte lui toute ma tendresse.
Je t'embrasse ; il saura trouver
        Mon baiser
A la place où je te caresse.

Pars vite, là-bas, il attend,
   L'œil ardent,
S'il t'aperçoit dans le nuage ;
Et reviens messager d'amour,
   Au retour,
Rapporte-moi son cœur pour gage.

⚮

GUSTAVE FRAIPONT

BORDS DE LA SEINE

Du pont de Billancourt, on te voit fuir, ô Seine,
Parmi les saules verts et les hauts peupliers.
Après Paris, le bois aux bruits si familiers
Te plaît donc? On dirait que le désir t'y mène.

N'as-tu pas de grands quais, orgueil de la cité,
Où tout un flot humain tumultueux se presse?
Tu baignes Notre-Dame, et le Louvre se dresse
Sur tes rives dont l'art augmente la beauté.

N'es-tu pas célébré, fleuve, par les poètes?
Ton nom, dans l'univers, n'est-il pas répandu?
On t'adore de loin, comme un fruit défendu;
On ne voit sur tes bords que plaisirs et que fêtes.

Pourtant, tu sembles fuir, pris d'un frisson joyeux.
Qu'espères-tu trouver dans le bois et la plaine?
Préfères-tu l'oiseau qui chante à perdre haleine,
Aux somptueux palais qui regardent les cieux?

Fleuve, je te comprends; fleuve, tu fuis le vice;
Tu vas chercher, plus loin, un coin du ciel moins noir;
L'innocence, le jour, et le repos, le soir;
Du crime trop souvent tu te trouves complice.

Bien des gens, dont on dit : que sont-ils devenus ?
Tu les as vus, peut-être, une nuit, disparaître.
Oh ! combien d'assassins pourrais-tu reconnaître
Toi, le muet témoin des crimes inconnus ?

Sous des dehors brillants se cache l'infamie.
Ici le plus habile est le plus vénéré.
Malheur à l'imprudent, au jeune homme égaré !
Il est trompé par qui tend une main amie.

Ardent, il est venu demandant place au jour,
Attiré par l'éclat de ce Paris superbe.
La misère, après lui, comme une mauvais herbe,
L'enlace et le voilà sans amis, sans amour.

Ainsi que le blessé, sur le champ de bataille,
Laissé seul, sans secours, il entrevoit la Mort.
S'il triomphe, il sera sans pitié, sans remord :
C'est sur le corps d'autrui qu'il haussera sa taille.

Dans Paris, il faudrait, comme les chevaliers,
Entrer bardé de fer, au milieu de l'arène.
Car, tout un tourbillon vous presse et vous entraîne,
Et l'on doit soutenir cent combats singuliers.

Du moins, si l'on avait pour prix de la victoire,
O femmes ! votre amour couronnant la vertu,
On ne se plaindrait pas d'avoir trop combattu ;
Vous feriez, d'un sourire, oublier tout déboire.

Mais dans ce grand Paris, dans ce monde joyeux,
Comment donc consoler un cœur qui désespère?
O femmes! vous avez, chaque jour, trop à faire
Pour vaincre une rivale et réjouir nos yeux.

Ce n'est qu'au poids de l'or que se vend la caresse.
Celui qui veut aimer, bientôt pris de dégoût
En voyant que l'amour le conduit à l'égout,
Doit chercher son plaisir au milieu de l'ivresse.

O Seine, toi qui fuis, que t'a donné Paris?
Arrivée en ses murs avec une onde pure,
Tu pars toute souillée et tu traînes l'ordure,
Ayant l'horreur du jour, comme nos cœurs flétris.

Crois-tu donc oublier, dans l'ombre et le mystère,
Cette grand cité, qui séduit et salit?
Pour l'avoir réflétée, un instant, dans ton lit,
Son souvenir toujours te suivra sur la terre.

Que ne nous suffit-il de courir dans les bois,
Pour que l'illusion dans notre esprit renaisse;
Comme toi, nous irions, encor pleins de jeunesse,
Chercher, loin de Paris, nos rêves d'autrefois!

GIRON

....

SŒURS

Sur le grand boulevard, devant la Madeleine,
A peine à quelques pas du gai marché de fleurs,
Le hasard, tout à coup met en face deux sœurs,
Et l'on voit se passer une émouvante scène.

Elles sont sœurs; le grand Paris les sépara;
De l'une, il a produit une fille vendue
Qui passe, le front haut, car toute honte est bue;
L'autre vit travailleuse et jamais ne tomba.

Avec son cher mari, ses enfants, cette femme
Attend sur le trottoir et cherche à traverser,
Quand, soudain, elle voit vers elle s'avancer
Dans un beau huit-ressorts, sa sœur, sa sœur infâme.

En toilette bruyante, avec l'air triomphant,
Toute fière d'avoir des cochers en livrée,
Elle vient au grand jour, afin d'être admirée ;
Elle a mis à ses pieds un gentil griffon blanc.

En regardant ce luxe insolent qui s'étale
Et dont le déshonneur de sa sœur est le prix,
Pendant que son mari regarde avec mépris,
Elle, la femme honnête, aussitôt devient pâle.

Soudain, se redressant, comme on fait au pays,
Sa main s'avance en l'air, en signe qui menace ;
Il semble qu'à jamais maudite elle la chasse ;
Qu'elle veut l'éloigner de ses enfants chéris.

La voyant devant elle, émue et courroucée,
La cocotte, passant, lui jette un froid regard ;
Son front ne pâlit pas sous la couche de fard ;
Son cocher se retourne, elle, semble glacée.

Cette scène se passe au milieu des rumeurs,
Sur le grand boulevard, encombré par la foule ;
Pendant que tout un flot de curieux s'écoule ;
Pendant que le soleil joue à travers les fleurs.

KÆMMERER

....

THERMIDOR

Triolets.

Au mois si chaud de Thermidor
Près de l'eau, la brise est tentante ;
Pour la mer l'amour prend l'essor
Au mois si chaud de Thermidor.
Quand le soleil a des flots d'or,
Quand la chaleur est étouffante,
Au mois si chaud de Thermidor,
Près de l'eau, la brise est tentante.

C'est le mois où la mer sourit ;
Où la vague appelle les belles,
Dont le corps charmant éblouit ;
C'est le mois, où la mer sourit.
Ici, pour charmer notre esprit,
On trouve des Vénus nouvelles ;
C'est le mois où la mer sourit ;
Où la vague appelle les belles.

KÆMMERER

MESSIDOR

Triolets.

C'est le mois des belles moissons :
Tout joyeux, le soleil rayonne ;
Dans les blés mûrs, amie, allons,
C'est le mois des belles moissons.
C'est le mois des douces chansons,
Accompagne-moi, ma mignonne,
C'est le mois des belles moissons,
Tout joyeux, le soleil rayonne.

C'est le mois le plus gai des fleurs :
Je veux en couronner ta tête :
Il en est de toutes couleurs,
C'est le mois le plus gai des fleurs ;

Coquelicots, bleuets charmeurs,
Mettront ta chevelure en fête ;
C'est le mois le plus gai des fleurs
Je veux en couronner ta tête.

C'est le mois des plus doux bàisers ;
C'est le temps des chères ivresses ;
Les zéphyrs passent embrasés ;
C'est le mois des plus doux baisers.
Satisfaisons nos cœurs grisés,
Ils désirent mille caresses.
C'est le mois des plus doux baisers,
C'est le temps des chères ivresses.

KÆMMERER

....

PLUVIÔSE

Triolets.

Il a plu, le ciel reste noir,
Le boulevard est plein de boue.
Quand cessera-t-il de pleuvoir ?
Il a plu, le ciel reste noir.
Il semble qu'on n'ait plus l'espoir
De voir le soleil qui se joue ;
Il a plu, le ciel reste noir,
Le boulevard est plein de boue.

Par bonheur, pour charmer nos yeux,
Tu passes, ô Parisienne ;
Tes jolis mollets gracieux,
Par bonheur, pour charmer nos yeux,
Éclairent les chemins boueux.
Avec ta démarche païenne,
Par bonheur, pour charmer nos yeux,
Tu passes, ô Parisienne.

KÆMMERER

....

VENTÔSE

Triolets.

Il arrive le mois des vents ;
De l'arbre la feuille s'envole.
Entendez-vous ces cris stridents ?
Il arrive le mois des vents.
Il emporte bien des vivants,
En passant dans sa course folle ;
Il arrive le mois des vents,
De l'arbre la feuille s'envole.

Sur son passage, c'est la mort.
Tout s'attriste dans la nature
Qui, pour longtemps, hélas s'endort ;
Sur son passage, c'est la mort.
Le vent souffle et frappe si fort
Que les prés n'ont plus de parure ;
Sur son passage, c'est la mort.
Tout s'attriste dans la nature.

KÆMMERER

....

BRUMAIRE

Il faut se couvrir, car voici Brumaire ;
Déjà le brouillard tend à se montrer.
Adieu, belles fleurs à vie éphémère ;
Oh ! pourquoi l'été ne peut-il durer !
Groupes adorant, le soir, murmurer
De gentils propos dans les nuits sans voiles,
On ne pourra plus, à deux, s'égarer.
L'amour, ce frileux, fuit loin des étoiles.

Avec les brouillards viennent les ennuis.
Nous nous en allions tout rempli d'ivresse ;
Adieu, doux baisers, adieu, belles nuits.
Son bras prend le mien, tendrement le presse :

Comme elle semblait bonne, la caresse !
Je la vois cacher sur son cou charmant
La place choisie, où, plein de tendresse
J'aimais embrasser son joli cou blanc.

Tout passe ; l'amour trop vite s'envole.
On se suit des yeux au temps des lilas ;
Aux roses l'on s'aime avec ardeur folle ;
Où sont donc les fleurs des jardins ? hélas !
Ils sont seuls debout, les froids dahlias ;
La feuille est par terre, oh ! plus rien ne dure.
L'automne a sonné son funèbre glas,
Et le cœur aussi s'emplit de froidure.

꙰

MILLAIS

....

PORTRAIT DE M. GLADSTONE

Son air est plein de profondeur ;
On sent dans la mélancolie
De sa tête, pleine de vie,
L'âme austère d'un grand penseur.

E. VAIL

....

VEUVE

Que de veuves de matelots
Viennent, comme elle, sur la grève,
Et de là suivent en un rêve,
Leurs maris perdus dans les flots.

Gage d'amour, son enfant reste,
L'enfant souriant et mutin ;
Elle pense au beau temps lointain ;
Il était vigoureux et leste.

Il est parti ; a grande mer
Qu'il voyait toujours avec joie,
L'a pris et ne rend plus sa proie ;
Elle sent un regret amer.

Elle demeure sur la plage,
L'œil au loin, comme auparavant ;
Bien insensible aux coups de vent
Soulevant sa robe avec rage.

Que de veuves de matelots
Viennent, comme elle, sur la grève,
Et de là suivent en un rêve,
Leurs maris perdus dans les flots.

GRAVEURS FRANÇAIS

CHAMPOLLION

....

LE MENUET

EAU — FORTE D'APRÈS JACQUET

Rondel.

D'une façon toute coquette,
Tenant sa robe entre ses mains,
Pour la danse la voilà prête;
Ses yeux font rêver les humains.

Découvrant, un peu, ses pieds fins,
On trouve sa grâce parfaite;
D'une façon toute coquette,
Tenant sa robe entre ses mains.

Elle est le charme de la fête;
Tous ses gestes semblent divins;
Tous ses pas sont aériens.
Longtemps, on l'admire, on la guette,
D'une façon toute coquette,
Tenant sa robe entre ses mains.

JULES JACQUET

D'APRÈS J. LEFEBRE

....

L'AURORE

L'Étoile du matin s'élance dans l'espace ;
Elle sort du milieu des eaux, près des iris ;
Elle jette dans l'air un si jolis souris
Que l'on dit dans le ciel : « C'est l'Aurore qui passe. »

Le nuage rougit en la voyant venir.
Quand son écharpe bleue, ainsi qu'un léger voile,
Vole tout autour d'elle et caresse l'étoile :
Ce serait un péché, vraiment, que de dormir.

Phébus ouvre les yeux et le ciel se colore.
« Le jour est revenu, je vous quitte ; à demain, »
Dit-elle en s'enfuyant, comme un songe divin ;
Et l'esprit, tout charmé, voudrait la voir encore.

RAPHAËL MUZELLE

D'APRÈS JEAN AUBERT

....

LE MIROIR AUX ALOUETTES

L'Amour dresse ses batteries ;
Sur tous les pas, il les produit ;
Il est toujours dans les prairies,
Quand le hasard vous y conduit.
Par sa voix douce, il vous séduit.
Il vous fait accourir, fillettes,
Au rendez-vous, seules, la nuit... :
Gare au miroir aux alouettes.

Il est habile en flatteries ;
Dans tous les cœurs il s'introduit.
Vous le recevez aguerries ;
Jusqu'en vos chambres il vous suit.

Comment le chasser avec bruit ?
Il a su louer vos toilettes
Et votre beau regard qui luit :
Gare au miroir aux alouettes.

Il a mille cajoleries ;
Vous résistez, il vous réduit ;
Vous tendez vos lèvres chéries,
Comme un moqueur, bien loin, il fuit,
Souriant du bonheur détruit ;
Laissant vos âmes inquiètes,
Il n'est heureux que lorsqu'il nuit :
Gare au miroir aux alouettes.

ENVOI

Lorsqu'on est pris, il vous en cuit,
Pour l'existence, ô folles têtes !
Dites-vous : « L'amour me poursuit ;
Gare au miroir aux alouettes. »

·THIBAULT

D'APRÈS JEAN AUBERT

....

LES OISEAUX DE PASSAGE

Ballade.

Ils sont jolis et pleins de grâce ;
Ils ont les yeux pleins de douceur ;
Ils sont trop beaux pour qu'on les chasse ;
Au lieu de leur tenir rigueur,
On leur désire du bonheur.
Leur sourire vraiment engage ;
Mais, jeunes filles, par malheur,
Ce sont des oiseaux de passage.

Ils sont d'une légère race ;
Leur père est un don Juan moqueur,
De l'amour jouant la grimace,
Jusqu'à ce qu'il sorte vainqueur ;

Leur maintien est ensorceleur ;
Comment séduire davantage ?
Mais, ils durent comme une fleur,
Ce sont des oiseaux de passage.

On les rencontre ; l'âme lasse,
On croit trouver une âme sœur ;
Ils ont une gentille face,
L'air timide et plein de langueur ;
On les attire, quelle erreur ?
On ne réchauffe qu'un volage.
Le tremblant devient ravisseur ;
Ce sont des oiseaux de passage.

ENVOI

Fillettes, vous n'avez pas peur,
Chacun en veut un pour otage ;
Prenez bien garde à votre cœur ;
Ce sont des oiseaux de passage.

ARCHITECTES FRANÇAIS

J.-C. FORMIGÉ

....

PROJET DU MONUMENT COMMÉMORATIF

DE L'ASSEMBLÉE CONSTITUANTE

de 1789

Après des siècles d'esclavage,
Tu vins montrer, ô Liberté,
A la France ton fier visage,
Et sourire à l'humanité.
Des pionniers, des prophètes
Avaient prédit ces nobles fêtes ;
Longtemps préparé le chemin
Dans des livres, pleins de lumière,
Pour que la France tout entière
Un jour put se donner la main.

Voyez, ils ont une même âme.
Venus du nord et du midi,

Un même souffle les enflamme;
Ils montrent tous un front hardi.
Salut au peuple qui se dresse!
Le roi, le clergé, la noblesse
Auront à compter avec lui.
Par la force de ses idées
Il est plus grand de cent coudées;
Son ère de splendeur à lui.

Par la crainte on veut les soumettre;
Par la force les convertir.
« Retournez dire à votre maître,
« Qu'il ne peut nous faire partir.
« Qu'envoyés des hameaux, des villes,
« Ici, nous siégerons tranquilles;
« Que décidés jusqu'au tombeau
« Il ne fera nos places nettes
« Qu'à la force des baïonnettes. »
Bien rugi, lion Mirabeau.

Dans la salle du Jeu de Paume,
Curés, paysans et bourgeois
Vont attester les droits de l'homme,
Et le respect qu'on doit aux lois.
En te voyant sur une chaise,
Calme, au milieu de la fournaise,
Tout le Tiers-État recueilli
Comprend la grandeur de l'ouvrage,
Et sent augmenter son courage
A ta voix si ferme, ô Bailly!

Celui-ci t'offre son épée !
Cet homme a de nobles élans,
Et sa vie est une épopée
Passée entre deux océans.
Quand il voit, Liberté chérie,
Que sur une mer en furie
On lance ton jeune vaisseau,
Ce brave toujours s'inquiète ;
Deux fois, tu trouves Lafayette,
O République, à ton berceau.

Forte au milieu de la mêlée
Tu mis fin au pouvoir des rois,
Et tu t'illustras, Assemblée,
En promulgant de grandes lois.
Où tu sus siéger avec gloire,
Que l'on élève à ta mémoire
Un monument bien mérité ;
Car, il faut que l'on se rappelle
Que nulle page n'est plus belle
Au livre de la Liberté.

TABLE DES MATIÈRES

TABLE DES MATIÈRES

PEINTRES FRANÇAIS

SCULPTEURS FRANÇAIS

PEINTRES ET SCULPTEURS ÉTRANGERS

GRAVEURS FRANÇAIS

ARCHITECTES FRANÇAIS

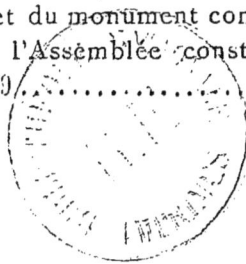

Typ. Paul SCHMIDT, 5, avenue Verdier, Grand-Montrouge.

PARIS. — TYP. PAUL SCHMIDT.

www.ingramcontent.com/pod-product-compliance
Lightning Source LLC
Chambersburg PA
CBHW070634100426
42744CB00006B/670